F

38104

I0059709

INVENTAIRE
F 38,104

F

DES MÉTHODES QUI DÉRIVENT DE …

… 641, 643, 645, 644 et 645 du Code …

… DE L'OUVRAGE INTITULÉ

C. LA CONDITION DES EAUX COURANTES

… ET NON NAVIGABLES DEPUIS LA CHUTE

DU RÉGIME FÉODAL

PAR HENRI DE LACHARDIÈRE

Membre de la Société d'émulation du Doubs

USAGE DES EAUX

Non navigables ni flottables.

∼⌇⌇⌇∼

COMMENTAIRE

DU CHAPITRE DES SERVITUDES QUI DÉRIVENT DE LA SITUATION DES LIEUX

(Art. 640, 641, 642, 643, 644 et 645 du Code Napoléon)

TIRÉ DE L'OUVRAGE INTITULÉ :

DE LA CONDITION DES EAUX COURANTES

NAVIGABLES ET NON NAVIGABLES DEPUIS L'ABOLITION

DU RÉGIME FÉODAL

PAR HENRI DE LAGÉNARDIÈRE,

Membre de la Société d'émulation du Doubs.

∼⌇⌇⌇∼

DIJON

IMPRIMERIE ET LITHOGRAPHIE EUGÈNE JOBARD.

1860

38:04

USAGE DES EAUX.

COMMENTAIRE DU CHAPITRE DES SERVITUDES

QUI DÉRIVENT DE LA SITUATION DES LIEUX.

(Code Napoléon)

QUE LE MODE D'OCCUPATION DES EAUX PROPOSÉ PAR LA COMMISSION DU PROJET DE CODE RURAL N'EST POINT EN RAPPORT AVEC L'ESPRIT DU CODE.

Nous lisons dans le rapport de la commission du projet de code rural : « L'eau est l'accessoire de » l'héritage où elle prend naissance, la propriété de » l'un entraîne la propriété absolue de l'autre. Le » maître du fonds peut disposer de la source comme il » le veut, la retenir en entier et même la détourner au » détriment des propriétés inférieures... Les règlements » administratifs sur l'usage des eaux ne sont point » applicables pour lui...; mais cette jouissance *absolue* » ne peut être réclamée au profit des fonds infé- » rieurs... »

En disant cela, M. le Rapporteur de la commission n'émet point une idée nouvelle, il ne fait que suivre les fâcheux errements de la jurisprudence actuelle dont les principes erronnés sont en opposition directe avec les sages prescriptions du code et ne supportent pas, comme on va le voir, l'épreuve de la discussion.

En effet, comment expliquer que l'eau d'une source que l'administration considère comme propriété du riverain tant qu'elle n'a pas quitté le domaine sur lequel elle prend naissance, puisse, après un parcours plus ou moins long, changer de nature à la limite fort variable de cet héritage, et, s'assimilant alors à l'air et à la chaleur, n'être plus comme ces deux éléments susceptible de propriété privée. Il semble que ce soit là une question qu'on ne discuterait pas à l'école, *in apicibus juris ;* pourquoi faut-il qu'elle vienne troubler l'harmonie de nos lois à ce point que, si les nombreux procès auxquels donne lieu l'usage des eaux ne sont pas sentenciés de nos jours au sort des dés, comme l'étaient ceux de Bridoye, ce juge dont parle Rabelais, ils le sont au hasard d'une jurisprudence toute aussi incertaine.

Non, l'eau d'une source n'est, ni plus ni moins que celle qui traverse un héritage, susceptible d'appropriation, et si la jurisprudence actuelle pousse, comme on va le voir, jusqu'à l'exagération le respect pour les droits du propriétaire d'une source, elle s'en dédommage bien à l'égard des riverains dont cette eau vient ensuite traverser ou border les héritages ; car elle ne leur reconnaît plus que de simples droits d'usage, et, chose étrange, pendant qu'elle accorde au maître de la source un droit de propriété absolu sur les eaux dont il n'a plus besoin, elle refuse de reconnaître le même droit aux riverains inférieurs sur le volume d'eau qui leur est utile.

La commission du projet de code rural, sans s'être rendu compte des désastreux effets de cette jurisprudence, propose de maintenir l'autorité administrative dans le droit qu'elle s'est attribuée, de régir par voie de règlement d'administration publique les eaux courantes non navigables, et dit en conséquence par l'organe de son rapporteur : « La première cause de » l'intervention de l'administration dans un règlement » d'eau, c'est la nécessité de prévenir ou régler les » conflits entre les propriétaires supérieurs et inférieurs » des deux bords d'une rivière, qui se servent des eaux » soit pour les irrigations soit pour les usines. »

Mais que la commission y prenne garde, elle se fourvoie et s'écarte, tout d'abord et sans s'en douter, des principes du code Napoléon auxquels elle n'a pas entendu porter atteinte.

Avec un peu d'attention, elle aurait vu que le code, dans son admirable division, comprend sous le même titre *celui de la propriété*, et dans le même chapitre *celui des servitudes qui dérivent de la situation des lieux;* aussi bien les articles 644 et 645 qui règlent le mode d'emploi des eaux courantes que les articles 641, 642 et 643 qui concernent les eaux de source.

Cette classification en dit déjà assez pour démontrer que l'administration ne peut pas exercer un pouvoir discrétionnaire sur les eaux, car si le droit du riverain procédait d'une autorisation administrative, il ne serait plus une propriété et ne dériverait plus de la situation des lieux; or il importe, quand on pose un principe, de lui rester fidèle.

Restituons donc au code Napoléon son véritable sens en démontrant que le droit du propriétaire d'une source est exactement de même nature que celui des propriétaires inférieurs, et que la jurisprudence actuelle n'a pas plus de raison d'accorder à l'individu qui a une source dans son fonds un droit absolu de propriété sur les eaux de cette source, qu'elle n'a de raison de considérer ces mêmes eaux comme non susceptibles d'appropriation privée, une fois qu'elles ont quitté le terrain sur lequel elles prennent naissance.

DÉSACCORD ENTRE LA LÉGISLATION ET LA JURISPRUDENCE SUR LE CARACTÈRE DU DROIT DE PROPRIÉTÉ DES EAUX DE SOURCE.

Personne n'a jamais songé à contester les obligations imposées par le premier article du chapitre des *Servitudes qui dérivent de la situation des lieux;* lequel est compris sous le n° 640 du code et est ainsi conçu :

« Les fonds inférieurs sont assujettis envers ceux qui » sont plus élevés à recevoir les eaux qui en découlent » naturellement sans que la main de l'homme y ait » contribué.

» Le propriétaire inférieur ne peut point élever de » digue qui empêche cet écoulement.

» Le propriétaire supérieur ne peut rien faire qui » aggrave la servitude du fonds inférieur. »

Mais si cet article est accepté sans discussion, on est loin de s'entendre sur le sens de l'article suivant qui dit :

« Celui qui a une source dans son fonds peut en user » a sa volonté, sauf le droit que le propriétaire du » fonds inférieur pourrait avoir acquis par titre ou » prescription. »

C'est dans l'interprétation de cet article par la jurisprudence actuelle que nous avons à faire ressortir, à
l'égard des eaux de sources, les désastreux effets de
l'exagération du droit de propriété, c'est-à-dire d'un
droit que la jurisprudence actuelle applique d'une
manière absolue sans faire attention, comme le disait
fort bien dans la discussion de l'article le conseiller d'Etat
Malleville, que l'application rigoureuse du principe,
en matière d'eau surtout, peut quelquefois devenir
injuste s'il n'est adouci par la loi.

« Un arrêté rapporté par Henrys, dit encore ce savant
» législateur (1), prononce contre un propriétaire qui,
» par malice et sans aucune intention d'en profiter,
» détournait des fonds inférieurs les eaux surgissant de
» son fonds. L'article 645 confirme cette jurisprudence
» et permet aux juges de suivre l'équité. Cet article est
» la meilleure loi qu'on puisse faire sur cette matière
» où il est dangereux de poser des principes trop
» abstraits. On a fort bien dit que la propriété des eaux
» est d'une espèce particulière. Sans doute, celui dans
» le fonds duquel elle surgit a le droit de s'en servir,
» quand même pendant mille ans elle aurait coulé dans
» le fonds du voisin, à moins que celui-ci ne se la soit
» appropriée par un titre ou par des ouvrages. Mais
» les besoins de ce premier propriétaire une fois satis-
» faits, l'équité, l'intérêt public et la destination même
» de l'eau ne permettent pas que les fonds inférieurs
» en soient arbitrairement privés. La providence a créé
» pour l'usage de tous cet élément nécessaire à tous,
» et c'est dans ce sens que Justinien a dit, dans ses

(1) Locré, t. VIII, p. 336.

» excellentes institutes : *communia sunt omnium hæc aer,*
» *aqua profluens, mare, etc.* »

Eh bien ces réflexions si sages, la jurisprudence
actuelle ne les admet pas; elle blâmerait aujourd'hui
l'arrêt rapporté par Henrys, et elle ne juge pas que
l'article 645, qui laisse aux tribunaux une certaine
latitude dans les règlements d'eau, soit applicable aux
eaux de sources. Elle distingue entre la nature de ces
eaux et le caractère de celles qui traversent ou bordent
les héritages, permettant aux particuliers d'user des
premières en qualité de propriétaire, tandis qu'elle ne
reconnaît qu'un simple droit d'usage aux riverains dont
les eaux bordent ou traversent les héritages.

Trompée par ces mots : *user à volonté*, dont l'art. 641 se
sert pour expliquer le droit du propriétaire d'une source,
la jurisprudence actuelle applique brutalement, si nous
pouvons nous servir de cette expression, à une chose
qui demande infiniment de ménagement, les règles mal
comprises du droit de propriété. Elle ne fait pas attention que les articles 642, 643 et 552 du code dont
nous allons donner le commentaire, enlèvent à l'art. 641
ce qu'il avait de trop absolu, et que par ce moyen, les
auteurs du code ont su appliquer avec intelligence au
droit d'occupation des eaux le tempérament que com-
porte cette nature délicate de propriété.

PREMIÈRE RESTRICTION APPORTÉE AU DROIT ABSOLU DE PROPRIÉTÉ D'UNE SOURCE PAR L'ART. 642 DU CODE.

L'article 641 ayant dit que celui qui a une
source dans son fonds peut en user à sa volonté, sauf

le droit que le propriétaire du fonds inférieur pourrait avoir acquis par titre ou par prescription, l'article 642 ajoutait :

« LA PRESCRIPTION DANS CE CAS NE PEUT S'ACQUÉRIR QUE » PAR UNE JOUISSANCE NON INTERROMPUE PENDANT L'ESPACE » DE TRENTE ANNÉES A COMPTER DU MOMENT OU LE PROPRIÉ- » TAIRE DU FONDS INFÉRIEUR A FAIT ET TERMINÉ DES OUVRAGES » APPARENTS DESTINÉS A FACILITER LA CHUTE ET LE COURS DE » L'EAU DANS SA PROPRIÉTÉ. »

C'était une question de savoir si les travaux devaient être faits sur le fonds supérieur ou sur le fonds inférieur. Mais la jurisprudence a depuis longtemps décidé qu'ils devaient être faits sur le fonds supérieur.

« Il s'agit, dit Daviel, de l'acquisition d'une servi- » tude : il faut donc que les travaux destinés à consa- » crer l'usage de l'eau soient faits à titre de servitude, » et celui qui construit sur son fonds agit *jure domini,* » *non servitutis jure.* Il n'a exercé réellement aucune » saisine sur le fonds de son voisin, sur la source elle- » même, et le propriétaire de la source n'a pas été mis » en demeure de s'opposer à de pareils travaux ; bien » plus, il n'aurait pas eu qualité pour s'y opposer... » (t. III, p. 112). »

C'est conformément à cette doctrine que la cour de cassation a rendu l'arrêt suivant à la date du 5 juillet 1837 :

« Attendu que, d'après l'article 642 du code civil, la » prescription du droit de recevoir les eaux du fonds » supérieur ne court au profit du propriétaire inférieur » qu'à compter du jour où il a fait et terminé des » ouvrages apparents, destinés à faciliter la chute et le

» cours de l'eau dans sa propriété, — que si cette dispo-
» sition n'exige pas d'une manière bien explicite que
» les ouvrages apparents dont elle parle soient en tout
» ou en partie pratiqués sur le fonds supérieur, cela
» résulte de son esprit et est d'ailleurs indiqué par la
» nature même des choses et par les principes des
» servitudes, — que le simple écoulement des eaux
» ne peut constituer un droit puisque, de la part du
» propriétaire supérieur. il n'est que l'usage d'une
» faculté naturelle que ce propriétaire ne saurait être
» gêné dans une autre disposition des eaux de son
» fonds par des ouvrages pratiqués par un autre et
» auxquels il n'aurait pu s'opposer, — que si ce prin-
» cipe a pu être contesté lors de l'émission du code
» civil, il est aujourd'hui consacré par l'opinion una-
» nime des auteurs et par une jurisprudence inva-
» riable. »

Cette réflexion : qu'un propriétaire ne saurait être
gêné dans la disposition des eaux de son fonds par des
ouvrages pratiqués par un autre et auxquels il n'aurait
pu s'opposer, aurait sa valeur s'il s'agissait d'une servitude conventionnelle, mais elle n'en a aucune du moment où il s'agit d'une servitude naturelle, c'est-à-dire
d'une restriction apportée au droit absolu de propriété
par la nature elle-même. Or, comme on détruirait toute
l'harmonie du code en transportant l'article 642 du
chapitre des servitudes qui dérivent de la situation des
lieux dans celui des servitudes établies par le fait de
l'homme, la commission du projet du code rural, qui
semble aujourd'hui pencher vers la jurisprudence de
la cour de cassation, méditera, nous n'en doutons pas,

avant de proposer de nouvelles dispositions législatives
à cet égard les observations suivantes du tribunat :

« Il est hors de doute, lisons-nous dans le rapport de
» la section de législation de cette assemblée (1), que le
» propriétaire inférieur ne pourrait établir à son profit
» une servitude sur le fonds supérieur sans un ouvrage
» fait et terminé sur le même fonds et tendant évidem-
» ment à l'acquisition de cette même servitude. Mais
» cette espèce est absolument différente de celle dont il
» s'agit dans l'article 642. Cet article n'appartient point
» au chapitre III qui a pour titre : *Des servitudes établies*
» *par le fait de l'homme*, il appartient au chapitre Ier,
» intitulé : « *Des servitudes qui dérivent de la situation des*
» *lieux.* » Dans le cas de l'article 642, le propriétaire
» inférieur tient sa jouissance du bienfait de la nature
» et non d'une convention expresse et tacite entre lui
» et le propriétaire supérieur. Si le propriétaire supé-
» rieur laisse passer le long intervalle de trente ans sans
» troubler cette jouissance, il est censé avoir ratifié l'ou-
» vrage de la nature et la jouissance est irrévocablement
» acquise à celui qui l'a possédé paisiblement pendant
» tant d'années. Les ouvrages extérieurs que ce dernier
» a faits sur son propre fonds étaient une déclaration
» formelle qu'il avait dessein de prescrire, et le pro-
» priétaire supérieur doit s'imputer de n'avoir manifesté
» de sa part aucune disposition contraire. Il pouvait,
» pendant les trente ans, arrêter cette prescription soit
» en détournant l'eau en faveur d'un autre, soit en dé-
» clarant au propriétaire inférieur, par une protestation
» formelle, qu'il n'entendait point laisser prescrire

(1) Locré, t. VIII, p. 357.

» contre lui le droit de changer le cours de l'eau. Il ré-
» sulte de son silence un véritable consentement, non
» pas à ce qu'on put acquérir contre lui quelque chose
» de nouveau, mais à ce que les choses restassent dans
» l'état où la nature elle-même les avait placées. Ainsi,
» le propriétaire inférieur n'a rien changé par ses ou-
» vrages, il a seulement annoncé l'intention de conser-
» ver ce qu'il avait. Voilà l'espèce prévue par l'article
» 642. *S'il eût fait ses ouvrages sur le fonds supérieur, il
» y aurait eu de sa part volonté d'acquérir un supplément
» de fonds qu'il n'avait pas encore.* C'est un tout autre cas.
» On a conclu de là qu'il suffirait dans l'espèce que
» des ouvrages extérieurs fussent faits sur le fonds du
» propriétaire inférieur, ou partout ailleurs que sur le
» fonds du propriétaire de la source.
» Cette dernière opinion a prévalu, et vu les difficul-
» tés que le mot *extérieur* pourrait faire naître sur le
» sens qu'il doit avoir, ici la section pense qu'il convient
» d'y substituer le mot *apparent.* »

L'article 642 fut en effet adopté avec cette substitu-
tion de mot, ce qui fait dire à Daviel, t. III, p. 115 :
» Les jurisconsultes qui pensent que les ouvrages faits
» sur les fonds inférieurs, pourvu qu'ils soient appa-
» rents, suffisent pour fonder la prescription, peuvent
» s'appuyer sur les intentions manifestées par les ré-
» dacteurs du code civil. » Mais peut-on comprendre
que cet élégant écrivain ait fixé assez peu son attention
sur les motifs qui avaient déterminé la rédaction de
l'article 642 pour faire suivre cette première observa-
tion des réflexions suivantes :

» Mais, et ce n'est pas le seul exemple, la doctrine

» s'assied à côté de la loi, et parfois le juge réforme le
» législateur.

» C'est maintenant un point hors de toute controverse
» qu'il faut que les travaux destinés à procurer l'usage
» des eaux au propriétaire inférieur aient été faits par
» lui sur le fonds où naît la source, afin qu'il puisse
» s'en prévaloir pour la prescription ; et certes, cela est
» plus conforme aux principes du droit que l'opinion
» énoncée par Regnault (de Saint-Jean-d'Angely) d'a-
» près une appréciation erronnée de l'ancienne juris-
» prudence. »

Pas si erronée qu'on veut bien le dire, car anciennement on comprenait les nuances délicates du droit de
propriété des eaux dont on a aujourd'hui complètement
perdu la trace, et jamais cette manie du juge de réformer le législateur ne fut plus préjudiciable que dans le
cas particulier, puisque, sans s'en douter, la jurisprudence actuelle applique à une servitude naturelle la
règle des servitudes conventionnelles.

Faisons donc ressortir en terminant ce qu'il y avait
d'éminemment sage dans l'opinion de Regnault de
Saint-Jean-d'Angely quand il s'exprimait ainsi (1) :
« Il est incontestable qu'un cours d'eau ajoute à la
» valeur de l'héritage qu'il traverse. L'usage a établi
» que la propriété des eaux s'acquiert par la jouissance
» toutes les fois qu'il a été fait, *dans le fonds inférieur,*
» des constructions pour en profiter. Si les eaux pou-
» vaient lui être retirées, si le propriétaire du fonds su-
» périeur pouvait en disposer et les vendre, la valeur
» du fonds inférieur serait notablement diminuée, et

(1) Locré, t. VIII, p. 335.

» tel qui aurait coûté cent mille francs, serait réduit à
» cinquante. »

Mais le préjudice causé au propriétaire inférieur
améliorerait-il la position du maître de la source? Sa
position financière, c'est possible, s'il venait par exemple à vendre, à d'autres propriétaires, la direction des
eaux qui lui sont inutiles; mais la position de son
champ, non évidemment, car il conserve toujours la
disposition de l'eau dont il peut user à volonté dans
l'intérieur de son héritage, quand même il l'aurait
laissé couler de tout temps sans s'en servir. Mais
l'eau ne doit profiter qu'au champ où naît la source, et
ce que la loi tend à interdire au propriétaire de ce
champ, c'est la faculté de disposer indéfiniment de la
partie surabondante des eaux, de celle qui ne pourrait
que lui être nuisible si la loi ou plutôt la nature même
des choses n'avait assujetti les fonds inférieurs à recevoir cet excédent.

Eh bien, serait-il juste et rationnel que le propriétaire
de la source eut éternellement un droit de suite sur ses
eaux, qu'il pût réduire à néant les efforts des propriétaires inférieurs pour profiter de celles qui lui sont inutiles? On voit que l'équité, le droit même de propriété
exigeaient une exception à la règle des servitudes ordi-
naires.

AUTRE RESTICTION APPORTÉE AU DROIT ABSOLU DE PROPRIÉTÉ D'UNE SOURCE PAR L'ART 643 DU CODE.

Les rédacteurs du code civil ont encore trouvé
dans l'ancienne jurisprudence une restriction infiniment

sage au principe qui autorise le propriétaire d'une source à en disposer à sa volonté, et cette restriction ils l'ont consignée dans l'article 643 ainsi conçu :

« LE PROPRIÉTAIRE DE LA SOURCE NE PEUT EN CHANGER LE
» COURS LORSQU'IL FOURNIT AUX HABITANTS D'UNE COMMUNE,
» VILLAGE OU HAMEAU L'EAU QUI LEUR EST NÉCESSAIRE, MAIS
» SI LES HABITANTS N'EN ONT PAS ACQUIS OU PRESCRIT
» L'USAGE, LE PROPRIÉTAIRE PEUT RÉCLAMER UNE INDEMNITÉ,
» LAQUELLE EST RÉGLÉE PAR EXPERTS

Cette servitude qui, comme on le voit, ne détruit pas le droit de propriété, puisque si les habitants n'ont pas acquis ou prescrit l'usage de l'eau, ils doivent une indemnité au maître de la source, est autrement plus gênante que celle qui résulte du droit que les propriétaires inférieurs peuvent faire valoir dans l'intérêt de l'agriculture et de l'industrie.

L'agriculteur et l'industriel ne peuvent exercer qu'un seul droit, celui d'empêcher le propriétaire de la source de la détourner de son cours ordinaire, quand les travaux qu'ils ont fait pour en profiter existent depuis trente ans.

Celui à qui appartient la source peut donc en user comme il l'entend dans l'intérieur de sa propriété, il peut l'absorber entièrement si cela lui convient et s'il en a la possibilité, ceux qui se trouvent au-dessous de lui n'ont droit qu'au volume d'eau qu'il veut bien leur céder.

Mais il n'en est pas de même lorsque la source fournit aux habitants d'une commune, village ou hameau l'eau qui leur est nécessaire ; ici un motif d'intérêt public force le propriétaire à céder son bien, et quand la source est peu abondante il y a lieu à règlement entre lui et la communauté d'habitants qui prétend y exercer un droit.

Mais quelle est l'autorité compétente pour faire ce règlement? Il est clair que ce ne peut être que l'autorité judiciaire, bien que dans le cas particulier la loi n'autorise le détournement des eaux que dans l'intérêt de plusieurs, c'est-à-dire par un motif d'utilité publique.

Il est facile de comprendre pourquoi l'administration ne pourrait prétendre intervenir en pareil cas en fondant sur ce dernier motif la raison de son intervention.

Les eaux de source forment une propriété, si bien que ce n'est qu'au moyen d'une indemnité ou par la prescription que les habitants d'une commune peuvent y acquérir des droits, d'où il suit que si depuis trente ans un propriétaire a enlevé à une communauté d'habitants la disposition des eaux qui naissent sur son terrain, il est rentré par cela même dans leur entière possession.

Or, il est clair que du moment où ces eaux sont régies par les règles du droit commun, il n'appartient qu'à l'autorité judiciaire de trancher les contestations auxquelles leur usage peut donner lieu.

Ce n'est donc pas nous, comme on le voit, mais c'est la loi elle-même qui condamne le principe absurde en vertu duquel l'administration se croit autorisée à intervenir dans un règlement d'eau, toutes les fois qu'un intérêt public ou collectif est engagé dans la question. Cette autorité oublie qu'il faut encore une condition pour justifier son intervention, c'est que les eaux sur lesquelles s'exerce son pouvoir discrétionnaire soient une propriété publique, et précisément il n'est question, dans le chapitre du code que nous commentons, que des eaux de sources et *de celles*, dit l'art 644, *qui n'ont point été comprises parmi les dépendances du domaine public.*

Nous ferons du reste observer ici que l'article 643 n'est pas à sa place, car dans le titre DES SERVITUDES OU SERVICES FONCIERS sous lequel il est inscrit se trouvent trois chapitres, celui des servitudes qui dérivent de la situation des lieux, celui des servitudes imposées par la loi et enfin celui des servitudes établies par le fait de l'homme, or, l'obligation imposée par l'art. 643 au propriétaire d'une source n'est point une charge naturelle, ou qui dérive de la situation des lieux, mais une servitude créée par la loi dans un but d'utilité publique.

DU DÉTOURNEMENT DES EAUX DE SOURCES.

Enfin le trouble peut encore être apporté à l'entière et paisible jouissance du propriétaire d'une source par les voisins dans le terrain desquels se trouvent les veines de la source, s'il leur plaît, en coupant ces veines, de donner à l'eau une nouvelle direction. Le droit de ces voisins résulte bien évidemment des dispositions de l'article 552 ainsi conçu :

LA PROPRIÉTÉ DU SOL EMPORTE LA PROPRIÉTÉ DU DESSUS ET DU DESSOUS, LE PROPRIÉTAIRE PEUT FAIRE AU-DESSOUS TOUTES LES FOUILLES QU'IL JUGERA A PROPOS, ET TIRER DE CES FOUILLES TOUS LES PRODUITS QU'ELLES PEUVENT FOURNIR, SAUF LES MODIFICATIONS RÉSULTANT DES LOIS ET RÈGLEMENTS RELATIFS AUX MINES, ET DES LOIS ET RÈGLEMENTS DE POLICE.

2

Or, aucun règlement de police n'interdisant à un propriétaire la faculté de s'approprier les eaux souterraines, on voit qu'on peut encore sur ce point se conformer aux prescriptions de la loi romaine ainsi conçue :

« *Si in meo aqua erumpat quæ ex tuo fundo venas habeat :*
» *Si eas venas incideris, et ob id desierit ad me aqua per-*
» *venire, tu non videris vi fecisse, si nulla servitu mihi ac*
» *nomine debita fuerit* (1). »

C'est ce qui fait dire au savant Henrion de Pensey (2) :
« Si un propriétaire inférieur intente contre le supérieur
» une complainte possessoire fondée sur le motif qu'il
» le prive des eaux d'une source qui jaillit dans son
» héritage, eau qu'il recevait de temps immémorial,
» Le juge de paix doit avant de statuer sur sa com-
» plainte examiner de qu'elle manière ces eaux lui
» arrivent. Si c'est uniquement par leur cours naturels
» et sans aucun fait de sa part ou par le moyen de
» quelqu'ouvrage qu'il a fait établir sous l'héritage su-
» périeur du consentement du propriétaire *sciente et*
» *patiente domino :* Dans le premier cas le juge de
» paix rejettera la complainte, dans le second il doit
» l'accueillir. »

DE LA PROPRIÉTÉ DES EAUX COURANTES APRÈS QU'ELLES ONT QUITTÉ LE TERRAIN SUR LEQUEL ELLES PRENNENT NAISSANCE.

Portalis disait dans l'exposé des motifs du code :
« NOUS AVONS CRU DEVOIR RÉTABLIR LES RIVERAINS DANS
» L'EXERCICE DE LEURS DROITS NATURELS. »

(1) L. 21, ff. lib. 3, tit. 3, *de aqua et aquæ pluviæ arcendæ.*.
(2) De la compétence des juges de paix, 2ᵉ édit., p. 278.

Or, pour cela, il suffisait de réunir au domaine utile des eaux que les riverains avaient possédé de tout temps le domaine direct ou de supériorité du seigneur.

Aussi quand les auteurs du code voulurent exprimer quels étaient les droits nés pour les riverains de l'abolition du régime féodal, n'eurent-ils qu'à copier à peu près textuellement l'article 206 de la coutume de Normandie qui, depuis longtemps, était devenu à l'égard des eaux réputées banales sous l'ancien régime, le droit commun de la France.

Nous rappellerons que cet article était ainsi conçu :

Le seigneur peut détourner l'eau courante en sa terre, pourvu que les deux rives soient assises en son fief et qu'au sortir d'icelui il laremette en son cours ordinaire.

Or, il est bien évident que l'article 644 accorde aux riverains la même faculté de disposer des eaux quand il dit :

« Celui dont la propriété borde une eau courante » autre que celle qui est déclarée dépendante du domaine » public par l'article 538, au titre de la distinction » des biens, peut s'en servir a son passage pour l'irriga- » tion de ses propriétés. — Celui dont cette eau traverse » l'héritage peut même en user dans l'intervalle qu'elle » y parcourt, mais a la charge de la rendre a la sortie » de son fonds a son cours ordinaire. »

Plus nous étudions le régime des cours d'eau, et plus nous sommes effrayés, moins encore de l'obscurité qui s'est faite sur cette importante question de propriété des eaux que de l'espèce de parti pris des commentateurs de nos lois de fermer les yeux à la lumière, tellement les raisons que nous avons à combattre nous paraissent vides et dénuées de sens.

Ainsi, par exemple, si le seigneur, en vertu de l'article précité de la coutume de Normandie, n'avait point à subir les exigences de l'autorité administrative, pourquoi les riverains y seraient-il soumis en vertu de l'article 644 rédigé dans le même sens.

Encore devons-nous faire observer qu'en réunissant le domaine de supériorité du seigneur au domaine utile des riverains, nos législateurs ont concentré entre les mains de ceux-ci un droit bien plus étendu.

Le seigneur, par le fait, n'exerçait qu'un pouvoir d'administration, là où les riverains jouissent d'un véritable droit de propriété.

Mais d'où vient que chaque propriétaire doit aujourd'hui avoir la libre disposition de ses eaux ?

On n'aura pas de peine à le comprendre si on réfléchit que, depuis l'affranchissement du territoire, les biens ruraux dont les cours d'eau font essentiellement partie ne peuvent pas avoir deux maîtres.

« Quel était, dit Championnière, le but du législateur » en abolissant les banalités? C'était, avant tout, de » faire cesser la gêne résultant des droits co-existants du » seigneur et du vassal. Le droit de l'un devait céder à » celui de l'autre ; le vassal était autorisé à acheter les » droits du seigneur, et celui-ci était forcé de les céder. » Désormais ils ne pouvaient plus rien avoir de com- » mun, et la terre devait appartenir pleinement absolu- » ment au premier *(De la Propriété des eaux courantes,* » p. 720.)»

Mais on a vu dans le chapitre III du livre I de cet

ouvrage pourquoi ces droits, d'abord déclarés rache-
tables par l'assemblée constituante, furent successive-
ment abolis sans indemnité par l'Assemblée législative
et par la Convention.

Les cours d'eau étant dès lors affranchis de la domi-
nation des seigneurs, les auteurs du Code dûrent,
comme on l'a vu dans le chapitre précédent, laisser
aux riverains, en vertu du droit d'accession, le lit des
rivières non navigables et tout ce qu'il renferme, tel
que les îles, les alluvions, etc.

Mais, en raison de la mobilité de l'eau et du danger
qu'il peut y avoir d'opposer un obstacle à son libre
cours, conformément à l'article 552 du code qui dit :
« que le propriétaire peut faire, sur le sol qu'il possède,
» toutes les constructions qu'il juge à propos, *sauf les*
» *exceptions établies au titre des servitudes et services fon-*
» *ciers,* » les auteurs du code ont dû comprendre, sous
ce dernier titre et dans le chapitre *des servitudes qui*
dérivent de la situation des lieux, aussi bien les art. 644
et 645 qui règlent le mode d'occupation des eaux d'une
rivière non navigable que les articles précédents qui
déterminent les droits du propriétaire d'une source.

Dès lors, comment admettre avec la commission du
projet de code rural que les eaux de source soient une
propriété tant qu'elles n'ont pas quitté le fonds sur lequel elles prennent naissance, mais qu'elles cessent de
l'être à la limite fort variable de cet héritage.

Cette commission rentre dans le vrai quand elle dit
par l'organe de son rapporteur :

« Le riverain, qui emploie comme force motrice les
» eaux contiguës à sa propriété, n'use-t'il pas d'un

» droit ? » Mais elle en sort quand elle ajoute : « L'au-
» torisation qui précède cet emploi, n'a-t'elle pas *uni-*
» *quement* pour but d'empêcher les nouveaux ouvrages
» de nuire aux tiers ? »

Comme si un droit pouvait se régler autrement que
devant les tribunaux civils! où serait la garantie de ce
droit si, comme cela arrive dans les règlements d'administration publique le recours contre la décision administrative ne pouvait être introduit par la voie conten-
tieuse ?

Sans doute la commission a eu une très bonne intention en voulant que l'administration put intervenir sur
les rivières non domaniales dans l'intérêt général des
riverains comme l'autorité judiciaire intervient dans
leur intérêt privé ; mais en suivant sur ce point les errements de la jurisprudence actuelle, elle a oublié
que, depuis l'affranchissement du territoire la propriété
ne peut pas avoir deux maitres; et que par conséquent l'administration ne peut pas disposer dans un
intérêt général de ce qui appartient aux riverains ;
en second lieu, elle n'a pas fait attention que, pour
rester fidèles aux principes de liberté inaugurés en
1789, les auteurs du code avaient très sagement décidé
que si des nécessités de haute police exigeaient que les
eaux restassent constamment sous la surveillance du
gouvernement, comme par exemple celles qui sont
inutiles à la navigation sur les rivières où ce service est
établi, elles devaient appartenir à l'Etat; mais que, dans
le cas contraire, elles devaient rester à l'entière disposition des riverains.

D'ailleurs comment cette commission ne s'est-elle

pas aperçue que si le code, qui ne s'occupe que des choses dites *res singulorum,* a réglé le mode d'emploi des eaux non navigables, c'est parce qu'il a voulu les soustraire à l'action discrétionnaire de l'autorité administrative.

Voilà qui nous explique pourquoi, dans la discussion à laquelle a donné lieu la rédaction des articles 644 et 645 du code, le savant Tronchet répondait à son collègue Bigot de Préameneu, qui proposait de subordonner la jouissance des eaux aux dispositions de règlements administratifs : « CES RÈGLEMENTS NE DOIVENT PASÊTRE PRÉVUS DANS LE CODE CIVIL *(Locré, t.* 8, *p.* 344).

Mais si le code n'a pas dû prévoir les règlements administratifs et par conséquent enjoindre aux tribunaux de s'y conformer, et si l'arrêté du 19 ventôse an VI, qui est le meilleur commentaire que nous ayons de l'instruction législative du 20 août 1790 et du code rural de 1791, dit que les riverains des cours d'eau non navigables doivent se pourvoir EN JUSTICE RÉGLÉE (1), c'est à dire devant les tribunaux civils, on sera bien obligé de convenir que l'autorité administrative doit se contenter de faire de simples propositions et d'aider, comme nous l'avons déjà dit, les riverains et les tribunaux eux-mêmes de ses calculs et des données de la science lorsque son concours est réclamé pour le règlement des eaux non domaniales.

L'administration a beau invoquer des considérations d'intérêt général. Comment admettre qu'elle puisse ré-

_____

(1) Voir l'art. 11 de cet arrêté et le commentaire que nous en donnons dans le chapitre IV du livre II de cet ouvrage.

partir dans des vues d'utilité publique des eaux dont la
loi a dit que chacun jouirait à son tour suivant la disposition des lieux.

DES RÈGLEMENTS QUE LES TRIBUNAUX PEUVENT FAIRE EN VERTU DE L'ARTICLE 645 DU CODE.

Le premier paragraphe de l'article 645 du code est
ainsi conçu :

S'IL S'ÉLÈVE UNE CONTESTATION ENTRE LES PROPRIÉTAIRES
AUXQUELS CES EAUX *(celles non domaniales)* PEUVENT ÊTRE
UTILES, LES TRIBUNAUX, EN PRONONÇANT, DOIVENT CONCILIER
L'INTÉRÊT DE L'AGRICULTURE AVEC LE RESPECT DU A LA PRO-
PRIÉTÉ.

Pour bien faire comprendre les prescriptions de cet
article, nous sommes obligés de remettre sous les yeux
de nos lecteurs les termes de l'article 644 qui dit : « Celui
dont la propriété borde une eau courante autre que
celle qui est déclarée dépendance du domaine public,
peut s'en servir à son passage pour l'irrigation de ses
propriétés ; — celui dont cette eau traverse l'héritage
peut même en user dans l'intervalle qu'elle y parcourt,
mais à la charge de la rendre à la sortie de ses fonds à
son cours ordinaire. »

Les prescriptions de cet article peuvent donner lieu à
trois sortes d'actions en justice qu'il importe de ne pas
confondre : 1° à une action qui peut être exercée par
tous les riverains inférieurs, et qui consiste uniforme-
ment à empêcher le détournement qu'un propriétaire
pourrait faire des eaux après s'en être servi. On com-

prend que tous les riverains aient qualité pour s'opposer à ce détournement, parce que tous sont intéressés à ce que les eaux suivent leur cours ordinaire. Mais cette action est bien simple, et ce n'est pas ce qu'on peut appeler un réglement d'eau.

La seconde sorte d'action peut être exercée par le propriétaire de la rive opposée. La demande de ce riverain doit bien, il est vrai, aboutir à un règlement, mais à un règlement dans lequel l'autorité judiciaire n'a nullement à concilier les intérêts de l'agriculture avec le respect dû à la propriété. Cette autorité trouve là deux droits égaux en présence, un bien indivis qu'il s'agit de répartir aussi équitablement que possible entre les propriétaires des deux rives. Cette action, on le voit, est encore très simple.

Mais il en est une troisième infiniment plus délicate, c'est celle que le riverain inférieur peut intenter à celui qui lui transmet les eaux.

Ce riverain ne saurait, en effet, comme dans le cas précédent, invoquer un droit égal à celui de son voisin supérieur. Car, s'il pouvait occuper les eaux au même titre que lui, on serait forcé d'admettre qu'elles sont communes entre tous les riverains et que l'administration peut seule en disposer.

De quelle nature est donc alors le droit auquel peut prétendre ce riverain inférieur pour que le règlement à faire soit de la compétence des tribunaux civils? Ce droit, il est facile de le voir, n'est autre chose que la conséquence de l'obligation que la loi fait au riverain supérieur de rendre l'eau à son cours ordinaire après s'en être servi, et cette obligation n'est elle-même qu'une disposition empruntée aux principes du droit naturel.

Ne serait-il pas étrange, en effet, qu'un riverain eut la prétention de grever son voisin inférieur de la servitude du passage des eaux dont il est bien aise de se débarrasser, et qu'il lui fut loisible de le priver, à volonté, des profits de cette servitude.

Tout le monde comprend que de l'obligation faite au riverain supérieur de rendre l'eau à son cours ordinaire, découle naturellement pour lui le devoir de conformer autant que possible sa jouissance à celle du riverain inférieur, car personne ne saurait contester que celui-ci, propriétaire des eaux qu'il reçoit, n'ait droit d'exiger qu'on lui facilite les moyens d'en user à son tour.

On voit combien a été sage et prévoyante la disposition de l'article 645, qui charge les tribunaux, lorsqu'ils auront à prononcer sur les difficultés de cette nature, de concilier l'intérêt de l'agriculture avec le respect dû à la propriété.

Mais est-ce à dire que les tribunaux peuvent, dans une certaine limite, amoindrir la jouissance du riverain supérieur au profit de l'héritage inférieur? Non, évidemment, car alors ils ne respecteraient plus le droit de propriété.

Mais rien ne leur empêche de modifier le mode d'occupation des eaux, et même à la rigueur de le rendre moins commode, parce qu'un riverain ne peut pas toujours avoir ses coudées f anches, et que l'équité, le droit même de propriété exigent qu'il soit astreint à faciliter autant que possible la jouissance de celui qui occupe les eaux après lui.

Mais on comprend que les modifications apportées à l'état des lieux ne doivent jamais constituer un dommage au préjudice du premier occupant; il ne faut pas, par exemple, que les changements apportés à l'exploitation d'une usine puissent être une cause réelle de diminution de sa valeur ; il ne faut pas qu'en la supposant affermée, il puisse résulter, des mesures règlementaires prises à son égard, un motif de résiliation ou même de diminution de prix.

Il n'est pas difficile, du reste, de se rendre compte de l'immense perturbation qu'apporterait dans les transactions, aussi bien que dans la valeur de cette nature de propriété qui a droit à la même protection que toute autre espèce de biens, la faculté qu'auraient les tribunaux d'en diminuer l'importance, de lui causer un dommage, quelque minime qu'il fût.

Aussi, notre opinion est que jamais un tribunal n'aurait le droit d'autoriser, en aval d'une usine, l'établissement d'un barrage fixe, qui occasionnerait un remous sous les roues de cette usine, mais un tribunal pourrait parfaitement autoriser un propriétaire inférieur à établir, pour l'irrigation de ses prairies, un barrage mobile qui fonctionnerait dans le moment ou l'usine ne marche pas.

Il est vrai qu'on pourrait objecter à cela que cette usine peut être occupée à toute heure ; mais nous répondrons que c'est là le cas de faire un règlement qui concilie l'intérêt de l'agriculture avec le respect dû à la propriété, et la propriété de l'usinier sera suffisamment respectée s'il ne résulte, des mesures règlementaires prises à son égard, aucune complication de travail ni aucune diminution de produit.

Il sera parfaitement loisible aux tribunaux de décider, si c'est un moulin par exemple, qu'il moudra pendant le jour, et l'autorité judiciaire n'aura pas à s'arrêter à cette considération qu'il aurait mieux convenu au meunier de moudre pendant la nuit.

Ce serait autre chose si l'usine était occupée jour et nuit comme peuvent l'être certaines fabriques. Il est clair que, dans ce cas là, le droit du propriétaire supérieur ne pourrait pas être modifié sur la demande du propriétaire inférieur. La maxime de droit naturel *qui prior loco potior jure* devrait être rigoureusement appliquée.

En principe, un propriétaire ne peut jamais faire refluer les eaux dans le lit d'une rivière vis-à-vis les propriétés qui ne lui appartiennent pas; c'est-à-dire qu'il ne peut jamais diminuer l'importance de la chute d'eau au droit de ces propriétés, quand le remous qu'il occasionne gêne le riverain supérieur dans l'exercice qu'il fait de son droit, occupât-il les eaux pendant tous les instants du jour et de la nuit.

Mais si le travail de celui-ci ne doit durer que douze heures, il appartient évidemment aux tribunaux d'accorder au riverain inférieur la jouissance des eaux pendant les douze heures inoccupées.

Maintenant si le riverain supérieur voulait augmenter l'importance de son usine, il devrait le faire avant l'établissement des travaux projetés par son voisin inférieur pour élever les eaux au niveau de son pré; à moins toutefois, qu'il ne possédât une étendue de propriétés littorales assez considérable pour avoir sur son propre fond une chute d'eau utilisable, cas auquel il lui serait parfaitement loisible de la conserver en réserve; les règles qui président à l'acquisition de la force motrice résultant de la pente afférente à un plus ou moins grand nombre de propriétés riveraines, ne lui serait point applicable. C'est là une question fort intéressante que nous examinerons plus à fond dans le chapitre II du livre IV, où nous traitons spécialement de l'application des règles du droit commun à l'acquisition des pentes ou chutes d'eau que comportent les rivières.

DU CAS OU L'EAU EST PEU ABONDANTE.

Nous venons de raisonner pour le cas où la rivière est importante, et où l'irrigation peut se produire presque instantanément par la fermeture des vannes du barrage ou l'établissement de hausses mobiles. Mais il est tel petit cours d'eau ou ruisseau qu'un irrigateur ne peut mettre à profit qu'en en usant avec un peu de suite. Eh bien, c'est une question de savoir si la marche de l'usine, devant être suspendue pendant plusieurs jours, les tribunaux pourraient autoriser cet empiétement sur la jouissance du riverain supérieur.

Nous répondrons que, dans ce cas là comme dans le précédent, les tribunaux ne peuvent jamais autoriser un mode de jouissance préjudiciable au riverain supérieur; il est clair qu'un changement qui serait par exemple de nature à autoriser une résiliation de bail infirmerait avant tout la disposition règlementaire qui en serait cause, parce que comme le fait fort bien observer la cour de cassation dans un arrêt récent.

« L'article 645 en décidant que les tribunaux, dans le
» jugement des contestations entre les propriétaires
» riverains, concilieront les intérêts de l'agriculture
» avec les droits de la propriété leur a, par cela même,
» enjoint le respect de la propriété et des droits acquis
» (*arrêt du 16 fév.* 1860). »

De là nous devons conclure que la loi n'a pas entendu
donner aux tribunaux d'autre faculté que celle d'accorder au riverain inférieur la plus grande somme de
jouissance compatible avec celle de son voisin supérieur.

Mais quels pourraient donc être dans le cas particulier les moyens de conciliation, car quelque peu
important que soit le travail d'une usine, il serait
difficile de considérer un temps d'arrêt de plusieurs
jours dans sa marche comme une chose indifférente ou
non préjudiciable.

Sans doute, si l'usine ne devait marcher qu'à certains
moments de l'année, comme un battoir par exemple,
l'autorité judiciaire pourrait sans scrupule accorder à
l'époque du chômage au riverain inférieur la jouissance
des eaux pendant plusieurs jours, et si plus tard le
propriétaire du battoir voulait remplacer ce manège
par un moulin, il n'aurait pas à se plaindre de la
jouissance de son voisin inférieur, acquise en vertu du
principe dont nous avons parlé plus haut qui consacre
le droit du premier occupant.

Disons donc que s'il s'agit d'un moulin ou de toute
autre industrie, dont le travail est habituellement réparti
sur toute l'année, les tribunaux, pour accorder la jouissance du propriétaire inférieur avec celle du riverain

supérieur, seront nécessairement obligés de recourir à d'autres moyens de conciliation.

Or, si pendant que le riverain inférieur tient les eaux à un niveau plus élevé on pouvait, à l'aide d'une roue mobile, conserver à l'usine sa marche régulière comme cela arrive dans certains établissements où les usiniers parent par ce moyen aux inconvénients des grandes eaux, il nous paraît évident que les tribunaux pourraient autoriser ce changement, ainsi que tous ceux compatibles avec la marche de l'usine, à la charge, bien entendu, de celui qui en profite, c'est-à-dire du riverain inférieur.

DERNIER ÉTAT DE LA JURISPRUDENCE SUR L'INTERPRÉTATION A DONNER A L'ARTICLE 645.

La cour de cassation vient d'annuler un arrêt de la cour de Besançon et de renvoyer les parties devant celle de Dijon, pour être statué sur le pourvoi d'un riverain, qui demandait contre son voisin supérieur qu'on lui appliquât le bénéfice du règlement prévu par l'art. 645 du code.

L'arrêt de cassation, conforme au principe que nous venons de développer sur ce point : que celui qui veut faire usage des eaux ne saurait porter atteinte à la jouissance du riverain supérieur, renferme cependant une appréciation dont nous devons faire ici ressortir le danger:

« Attendu, lisons-nous dans cet arrêt, que dans les » faits de la cause l'usine appartenant à Millardet exis-

» tait depuis plus de trente ans et avait été régulière-
» ment autorisée en 1837, qu'il tenait d'ailleurs de son
» droit, comme propriétaire riverain, celui de se servir
» de l'eau suivant son cours et son niveau naturel, —
» que l'arrêt attaqué, en décidant qu'alors même que
» des ouvrages à faire par de Gérauvillier, pour l'éta-
» blissement d'un barrage dans le cours d'eau qui tra-
» verse sa propriété, résulterait un préjudice pour cette
» usine, le droit qu'il avait de se servir des eaux à leur
» passage impliquerait celui de faire ces travaux, et,
» en ordonnant que ces travaux seraient faits, a porté
» atteinte au droit de propriété appartenant à Millar-
» det... »

Tout en reconnaissant qu'un riverain a le droit de se
servir des eaux suivant leur cours naturel, la cour de
cassation laisse entendre que le changement à apporter
dans leur niveau reste dans le domaine de l'administration.

Mais à quoi servirait le soin et la précaution que prend
cette cour de défendre le droit du riverain supérieur
contre le tort que pourrait lui causer son voisin inférieur, si pendant que le premier se défend devant
l'autorité judiciaire où le droit de propriété est la raison
de décider, ce dernier venait à transporter le débat sur
le terrain administratif où le droit de propriété ne peut
jamais être invoqué.

Ainsi, avec la jurisprudence malheureusement
admise depuis longtemps par la cour de cassation et le
conseil d'Etat s'agissant d'une hauteur d'eau, d'une
modification à apporter au cours naturel de la rivière,
pourquoi, s'il était débouté de ses prétentions devant

l'autorité judiciaire, de Gérauvillier ne s'adresserait-il pas à l'administration qui n'a pas à s'embarrasser dans des considérations de propriété, puisqu'à ses yeux les eaux non navigables sont *res nullius*. Or, comme il est de principe que cette autorité peut seule disposer des choses qui ne sont pas susceptibles de propriété, quel motif aurait-elle pour décliner sa compétence?

Le comble de l'injustice et de l'absurdité ne seraient-ils pas qu'elle put, à sa volonté, retenir l'affaire ou la renvoyer devant les tribunaux.

Ce sont les tristes résultats de cette jurisprudence qui, déjà en 1817, inspiraient à un pair de France, M. le baron de Monville, ces paroles de blâme que nous trouvons dans une brochure intitulée *de la Législation des Eaux*.

« Il n'y a plus aujourd'hui, en France, de limites
» précises entre les pouvoirs judiciaires et administratifs
» si ce n'est qu'il n'est resté, aux tribunaux, que ce
» que l'administration n'a pas envahi. Chaque citoyen
» est entre le juge et l'administrateur. Les intérêts par-
» ticuliers remuants s'adressent de préférence à la va-
» riation administrative ; les intérêts particuliers paisi-
» bles préféreraient l'uniformité des tribunaux. »

Or, que faudrait-il pour éviter les fâcheux conflits de compétence qui ne manqueraient pas de se renouveler chaque jour, si l'autorité judiciaire n'avait depuis long-temps abdiqué une de ses plus utiles prérogatives? Il suffirait de revenir aux sages principes de notre législation ; car, ainsi que le fait très justement observer M. Troplong, « aucune loi ne donne à l'administration
» le droit d'autoriser la création des usines sur les cours

3

» d'eau non navigables, et l'usage contraire qui s'est
» établi n'est qu'un abus, un débris de l'esprit envahis-
» seur de l'administration. (*De la prescription t. I,*
» *p.* 232). »

POURQUOI LA LOI NE PERMET PAS AUX TRIBUNAUX DE CONCILIER LES INTÉRÊTS DE L'INUSTRIE COMME ELLE PERMET DE CONCILIER CEUX DE L'AGRICULTURE AVEC LE RESPECT DU A LA PROPRIÉTÉ.

Le commentaire du premier paragraphe de l'art. 645 nous amène à reconnaître avec quelle merveilleuse sagacité nos législateurs ont su distinguer les nuances délicates du droit de propriété des eaux, et combien la loi a été sage dans ses prescriptions en n'autorisant, qu'en faveur de l'agriculture, la conciliation dont parle l'article 645.

Cet article, en effet, ne fait pas mention de l'indus-trie ; si bien que les tribunaux ne sauraient consentir à l'établissement d'une usine dont les ouvrages de retenue diminueraient pendant un temps quelconque la force motrice du riverain supérieur. Et pourquoi cela ?

C'est parce que si le riverain inférieur ne se sert des eaux que pour arroser son champ, celui qui les lui transmet n'aura à se gêner qu'à l'époque des irriga-tions qui est toujours un temps fort restreint, et qu'une gêne de quelques instants, surtout quand elle ne nuit pas à la production, ne constitue pas un dommage réel. Tandis qu'on ne pourrait en dire autant de l'obligation pour un riverain de céder en tout temps une partie de la pente ou chute d'eau afférente à son fonds.

`LES TRIBUNAUX PEUVENT-ILS RÉPRIMER UN USAGE IMMODÉRÉ DES EAUX.

Reste enfin la question de savoir si les tribunaux pourraient, en vertu de l'art. 645, réduire au profit des propriétaires inférieurs l'usage qu'un riverain ferait des eaux.

Nous répondrons que la chose n'est pas possible, parce que les tribunaux n'ont pour mission que de réprimer les abus, et qu'on ne saurait considérer comme tels l'usage même immodéré des eaux.

« En général, disait Portalis en présentant les motifs » du titre II du code Napoléon, les hommes sont assez » clairvoyants sur ce qui les touche. On peut se reposer » sur l'énergie de l'intérêt personnel du soin de veiller » sur la bonne culture La liberté laissée au cultivateur » et au propriétaire fait de grands biens et de petits » maux. L'intérêt public est en sûreté quand au lieu » d'avoir un ennemi il n'a qu'un garant dans l'intérêt » privé. »

Et en effet, à qui viendrait-il dans l'idée de conserver l'eau d'une manière nuisible sur sa propriété, car chacun sait que cet élément de fertilité porte tort du moment où il cesse d'être utile.

Eh bien, les tribunaux ne pouvant en aucun cas agir dans un intérêt collectif, on a considéré avec raison qu'il ne pouvait pas appartenir non plus à l'administration de fixer à chaque propriétaire sa part d'eau.

On comprend en effet que cette autorité ne pourrait que gaspiller d'une manière fâcheuse un bien précieux, s'il fallait que sur la plupart des petits cours d'eau peu abondants pendant l'été elle fournit à chacun sa part, laquelle pourrait être tellement minime qu'elle ferait plus de mal que de bien ; car personne n'ignore qu'une irrigation insuffisante, au lieu de profiter aux plantes, a le plus souvent pour effet d'en favoriser le dessèchement.

Un riverain peut donc user de l'eau comme il l'entend, il peut la retenir captive sur sa propriété, créer des réservoirs, des pièces d'eau, remplir le bief d'une usine pour marcher par éclusée, tous ces différents usages de l'eau ne peuvent faire l'objet d'un règlement, car le droit du riverain ne saurait avoir d'autre limite que le tort qu'il fait à ses voisins, et remarquez que dans ces différents modes d'emploi des eaux, ce n'est pas le riverain qui fait tort à ceux qui se trouvent plus bas, c'est la nature elle-même, et si les riverains inférieurs ont à se plaindre, c'est de ce que les eaux ne sont pas assez abondantes, ils subissent en celà la condition du chapitre sous lequel leur droit est inscrit, c'est-à-dire que le tort qu'ils éprouvent est une servitude qui dérive de la situation des lieux, comme le bénéfice du riverain supérieur est un avantage qu'il tient de la nature elle-même.

Mais alors en quoi consistera donc l'abus des eaux, il y aura abus toutes les fois que le dommage causé aux voisins ne sera point un dommage naturel ou résultant de la situation des lieux, comme dans le cas ou le riverain détournerait les eaux de leur cours ordinaire ; il y aura abus toutes les fois que le dommage sera le résultat du fait de l'homme, comme dans le cas ou les eaux arrêtées dans leur cours produiraient l'insalubrité d'une localité. Ainsi la formation d'un étang au moyen d'un cours d'eau est de droit naturel, mais l'insalubrité que produit l'étang est un abus que l'autorité est appelée à réformer.

Les tribunaux et l'administration peuvent intervenir suivant le cas. La loi a soumis la repression de cet abus à l'accomplissement de formalités qui donnent à l'insalubrité ou un caractère privé ou un caractère d'intérêt général, c'est une question que nous examinerons dans le livre V consacré à la police des eaux.

CARACTÈRE DES RÈGLEMENTS PARTICULIERS ET LOCAUX QUE L'ART. 645 CHARGE LES TRIBUNAUX DE FAIRE OBSERVER.

Le deuxième paragraphe de l'article 645 est ainsi conçu :

DANS TOUS LES CAS LES RÈGLEMENTS PARTICULIERS ET LOCAUX SUR LE COURS ET L'USAGE DES EAUX DOIVENT ÊTRE OBSERVÉS. Ce qui fait dire à la commission du projet de Code rural :

» Le pouvoir de l'administration n'est point entravé » par la juridiction que l'article 645 confère aux tribu- » naux. S'agit-il d'un cours d'eau à l'égard duquel l'ad- » ministration n'a rien statué, les décisions judiciaires » sont souveraines et reçoivent leur exécution pleine et » entière tant que l'administration n'a rien statué ; mais » si un règlement est publié, même après là chose ju- » gée, les tribunaux sont tenus de s'y conformer. »

Certainement, si cette commission avait fixé son attention sur cette double circonstance que l'autorité administrative ne peut octroyer des droits que sur les choses non susceptibles de propriété et que tout ce qui n'est pas susceptible de propriété a été rangé par l'article 538 parmi les dépendances du domaine public, elle n'aurait pas préconisé un aussi singulier système.

Car de deux choses l'une, ou la rivière appartient aux riverains et alors l'administration ne peut intervenir pour régler discrétionnairement un droit préexistant dont les tribunaux peuvent seuls connaître, ou la rivière appartient à l'Etat (car l'article 538, en rangeant parmi les dépendances du domaine public *toutes les choses non susceptibles de propriété*, démontre l'incompatibilité du système *res nullius* avec nos institutions modernes); mais alors il n'y a aucune distinction à faire entre les rivières navigables et celles qui ne le sont pas, et les tribunaux ne peuvent rien avoir à décider, même dans les contestations des riverains entre eux, tant que l'administration n'a concédé aucun droit.

Comment la commission ne s'aperçoit-elle pas du vice de son système ? Ne serait-il pas, en effet, absurde de reconnaître aux tribunaux le pouvoir de prononcer souverainement et d'attribuer des droits sur les eaux courantes non navigables, si elles ne devaient appartenir aux riverains qu'en vertu d'une concession administrative. Il est vrai de dire que ce n'est pas la commission du projet de code rural qui a inventé ce système, et qu'elle ne fait que suivre sur ce point les fâcheux errements de la jurisprudence actuelle, qui sont si bien passés à l'état de chose jugée, que l'auteur qui a eu le plus à cœur de faire triompher le droit de propriété des riverains, Daviel lui-même va jusqu'à critiquer, dans les termes suivants, un arrêt de la cour de Paris du 18 mars 1838, qui tranche une question de partage d'eau sans renvoyer les parties devant l'administration :

« C'est là, dit-il, un de ces arrêts rendus dans la grande » chambre du parlement de Paris, en oubliant la toute » puissance que nos lois ont faite depuis 1789 aux » règlements administratifs. Sans doute, des règlements » pareils à ceux qui étaient invoqués devant la cour » de Paris sont en conflit avec les droits conférés par » le code civil ; mais c'est à l'administration supérieure » qu'il faut en demander la réformation, et tant qu'ils » subsistent, les tribunaux ne peuvent que les appli- » quer *dans tous les cas,* dit l'article 645. »

Ce serait déjà une chose très fâcheuse que les droits conférés par le code Napoléon fussent en conflit avec des lois qui n'auraient pas été abrogées; mais heureusement il n'y a là qu'une erreur d'appréciation de Daviel, qui ne s'aperçoit pas que les lois de 1790 et 1791, dont l'administration prétend tirer la toute puissance devant laquelle il s'incline, ne confèrent réellement à cette autorité qu'une mission de conseil et de conciliation.

Avec un peu d'attention il aurait vu que les règle- ments particuliers et locaux que l'article 645 oblige les tribunaux à respecter, n'ont rien de commun avec les règlements d'administration publique.

Les premiers ont leur raison d'être dans des motifs d'intérêt privé, et ne sont valables qu'autant qu'ils ont obtenu l'assentiment des intéressés, tandis que les seconds ont leur source dans des considérations d'intérêt général, et par ce motif sont exécutoires nonobstant tout titre, toute convention privée.

En voulant donner au règlement particulier et local dont parle l'article 645 la valeur d'un règlement d'administration publique, la commission du projet de code rural ne fait pas attention que, depuis l'abolition du domaine de supériorité ou pouvoir de protection que le seigneur exerçait sur les propriétés relevant de son fief, elle a pour mission non-seulement de défendre l'ordre social par des mesures qui, comme le disait Tronchet, ne doivent pas être prévues dans un code de lois civiles, mais encore de venir en aide aux intérêts privés, ce qu'elle ne peut faire que par voie de conseil et de conciliation.

C'est pour cette raison que le code rural de 1791, auquel on ne peut certes reprocher de donner trop de pouvoir à l'administration puisqu'il va même jusqu'à lui refuser (art. 4 du tit. I) le droit de disposer des eaux inutiles à la navigation sur les rivières où ce service est établi (1); c'est, disons-nous, pour cette raison que le code rural charge (art. 16 du tit. II) l'administration de déterminer à quelle hauteur un riverain peut élever les eaux sans nuire à ses voisins.

Mais, ainsi que nous l'avons démontré dans le livre précédent, cette opération n'a aucun rapport avec un règlement d'administration publique; car elle consiste simplement dans l'établissement d'un repère qui indique

---

(1) On sait que cet article 4 autorisait les riverains des cours d'eau navigables à user, *en vertu du droit commun*, des eaux inutiles à la navigation, mais on sait aussi que cette fâcheuse disposition de la loi de 1791 a été abrogé par l'art. 538 du code.

aux riverains l'influence des eaux sur leurs propriétés, afin qu'ils puissent, au besoin et en connaissance de cause, faire valoir leurs droits devant l'autorité judiciaire.

Pourtant si l'ingénieur parvenait à mettre d'accord les intéressés, il devrait le constater dans son procès-verbal ; et cet acte, revêtu de leurs signatures, ayant toute la valeur d'une convention privée, formerait alors le règlement PARTICULIER ET LOCAL que l'article 645 recommande aux tribunaux de faire observer.

Le vice de la jurisprudence administrative est sur ce point d'une évidence qui ne peut échapper à personne.

« Lorsque dans la visite des lieux, dit l'instruction » ministérielle du 23 octobre 1851, les parties inté-» ressées parviennent à s'entendre et font entre elles » des conventions amiables, l'ingénieur doit constater » cet accord dans le procès-verbal. Cette constatation » signée des parties est régulière, et le comité des » travaux publics du conseil d'Etat a reconnu qu'elle » suffit pour que l'administration puisse statuer. »

Mais là où il suffit que les parties soient d'accord pour que l'administration puisse statuer, on conviendra bien avec nous que si les intéressés ne s'entendent pas, et que si malgré cela l'autorité administrative décide souverainement, elle ne fait plus acte de conciliation mais s'attribue l'office de juge, et cela sans aucun des moyens d'appréciation que la loi a accordés au pouvoir chargé de rendre la justice.

DES DROITS ACQUIS SOUS LE RÉGIME FÉODAL.

Mais à côté du règlement de conciliation que peut faire l'administration, se rangent encore dans la classe dès règlements particulier et locaux que les tribunaux sont tenus de faire observer les possessions acquises sous l'empire de l'ancien droit.

« La disposition générale de l'article 644, disait dans
» la discussion du code (1) le conseiller d'Etat Galli,
» est utile et juste ; cependant, pour ne point bouleverser
» les usages dans le ci-devant Piémont, il est néces-
» saire de la modifier par une exception.

» En effet, dans le Piémont presque tous les terrains
» sont fécondés à l'aide d'irrigations qui viennent des
» fonds supérieurs; on les réduirait à être stériles si
» ces eaux leur étaient retirées, mais pour que l'article
» n'ait sous ce rapport aucune conséquence fâcheuse,
» il suffit d'excepter de son application les eaux acquises
» à l'irrigation des fonds inférieurs. »

Comment l'irrigation pouvait-elle anciennement être acquise aux fonds inférieurs, et pourquoi ne peut-elle plus l'être de nos jours? il est facile de s'en rendre compte.

Si nos législateurs ont rétabli, comme le disait Portalis, les riverains *dans l'exercice de leurs droits naturels,* ce n'est pas seulement parce qu'ils ont considéré qu'il était préférable de leur attribuer un droit de propriété sur les eaux qui traversent leurs héritages, mais c'est parce que l'affranchissement de la propriété foncière ne permettait pas qu'il en fût autrement.

Avant l'abolition des banalités le droit de ban ou juridiction que le seigneur exerçait, non-seulement sur les rivières mais encore sur les terres relevant de son fief, l'autorisait à répartir les eaux partout où la

(1) Voyez Locré t. VIII, p. 340.

disposition des lieux leur permettait d'atteindre dans l'étendue de ce fief.

Mais aujourd'hui que les banalités sont abolies, que les terres avoisinant les cours d'eau ne peuvent pas être soumises au ban de l'administration comme elles l'étaient anciennement au ban du seigneur ; quel règlement l'autorité administrative pourrait-elle faire dans l'intérêt des riverains? lui serait-il possible d'aider autrement que de ses conseils ceux qui se trouvent aujourd'hui gênés et circonscrits par le peu d'étendue de leurs propriétés, et par conséquent par le peu d'espace dans lequel sont concentrés leurs moyens d'action ; et si un riverain peut de nos jours amener sur son champ, à travers les fonds supérieurs, l'eau dont il a besoin pour l'irrigation de sa propriété, de qui tient-il cette faculté? de la loi seulement (1) et non du pouvoir dispensateur de l'administration.

Les eaux anciennement banales sont donc forcément devenues franches comme les terres auxquelles elles s'unissent par droit d'accession, ce qui fait qu'elles ne peuvent pas être régies aujourd'hui par voie de règlement d'administration publique.

Gardons-nous donc alors de confondre avec les règlements de cette nature ceux que la loi appelle particuliers ou locaux, parce qu'ils ne sont autre chose que des conventions faites entre riverains, s'ils sont postérieurs à 1790, ou des concessions seigneuriales, s'ils sont antérieurs à cette époque

_____

(1) Lois de 1845 et 1847 sur les irrigations.

TABLE.

BIBLIOTHEQUE NATIONALE DE FRANCE

3 7531 01304434 3

www.ingramcontent.com/pod-product-compliance
Lightning Source LLC
Chambersburg PA
CBHW050521210326
41520CB00012B/2382